ज़िन्दगी Dots

ज़िन्दगी के कुछ डॉट्स अक्सर अधूरे, खाली रह जाते हैं...ये उन डॉट्स की ही कही-अनकही है।

Nikhil Srivastava

BookLeaf Publishing
India | USA | UK

Made with ❤ on the BookLeaf Publishing Platform
www.bookleafpub.in
www.bookleafpub.com

Dedication

उन सबको जिन्होंने किसी न किसी मोड़ पर जाने-अनजाने कुछ सिखा दिया, हंसा दिया, रुला दिया। उनको भी जिन्होंने सिखाए ज़िन्दगी के बेहद जरूरी मायने। उन सबको, जिन्हें जीभर के प्यार नहीं कर पाया। उन सबको, जिन्हें देखकर कविता तो लिख दी लेकिन उनके कंधे पर हाथ न रख पाया। उन सबको भी, जिनके आंसू पोछने थे, पोछ न पाया। जिन्होंने हाथ थामा, साथ चले, लेकिन मैं ही साथ न दे पाया। खुद को, जो अनकहे को जीता रहा, कभी पूरा लिख न पाया। और उस खुदा को, जिससे मैं एक तरफा बातें करता रहा, सारे ज़ख्म दिखाता रहा, लेकिन उसकी गोद में सिर रखकर रो न पाया।

Preface

मैं कवि नहीं। लेखक भी नहीं। शब्दों से खेलना नही आता। जो जब जिस तरह घटता है, बस उसे पूरी ईमानदारी से लिखते जाने की कोशिश करता रहा हूं। आज वो कोशिश उतने ही 'रॉ' अंदाज़ में आपके सामने है। अब इसका क्या हश्र करना है, आपका फैसला है।

Acknowledgements

लोग और हालत।
खामोशी और शोर।
गरीबी और अमीरी।
तमाशा और सन्नाटा।
अंधेरा और उजियारा...

1. एक मां को देखते हुए...

क्यों पूजे वो तुम्हें?

जिसकी मांग का सिंदूर खुद न उतरा था,
तुमने रगड़ दी थी बदकिस्मती,
उसकी मांग पर।
अंगड़ाई भी न टूटी थी,
जिन मखमली रातों की,
उनके ख़्वाबों को क्यों रौंदा था तुमने?
क्यों डाल दी थी सफेद मायूस चादर?
तुमने उसके बदन पर...
क्या दिया तुमने नेग में उसे?
याद है?
लाल साड़ी की जगह तुमने,
दिया था उसे मातम का चोला।
याद करो, उसने कभी जो व्रत छोड़ा हो तुम्हारा?
पूछो खुद से, क्या गुनहगार वो है या तुम?
क्यों पूजे वो तुम्हें?
दो मासूमों की ख़ातिर,
डुपट्टे में हिम्मत बांधे कर रही है नौकरी।
वो हर काम कर रही है,

जिसके बारे में उसने सोचा भी न था।
कहती है, डांटना मत, मैं रो दूंगी,
और फिर हंसते-हंसते रो देती है।
वो मां, क्यों दस दफा फोन करती है?
जानते हो...तुम?
अपने बच्चों की परवरिश में,
वो सिर्फ रात दे पाती है उन्हें।
जब वे पलंग पर आंख मिचौली (मजीसी) कर रहे होते हैं,
तुम कितने बदनसीब हो, सोचो।
एक आस्था तोड़ी है तुमने,
एक ममता छीनी है तुमने।
क्यों पूजे वो तुम्हें?
बीवी तो बन भी नहीं पाई थी वो,
जब तुमने छीन लिए तुमने उसके दिन।
वो दिन...
जिनके लिए उसने खुद को बचाकर रखा था।
वो एहसास, जिसे हर स्त्री पोस नहीं पाती,
बचाकर रखा था उसने अपना सौंदर्य।
वो चुंबन, वो आलिंगन,
क्या उसके लिए तुमने सिर्फ दुश्वारियां लिखीं?
इसी के लिए उसने रखे थे वो,
सौम, शुक्र और गुरु के व्रत अनंत।
बिना नागा, भूखी रह लेती थी।
क्या इसी दिन के लिए...
लाख की चूड़ी या खाली कलाइयों के लिए?
क्यों पूजे वो तुम्हें?
जानते हो?

वो रोज मेरे बगल वाली सीट पर बैठती है।
मैं देख पाता हूं उसके चेहरे की मायूसी,
उसकी आंखों में गुस्सा।
उसके असंख्य अरमानों की झुर्रियां,
फोन पर सुनाई पड़ती है,
उसकी मासूम बिटिया की आवाज़।
वो टीवी देखने की जिद पर उड़ती है,
और ये मां आंसू बहा देती है।
मैं भी सोचता हूं,
क्यों पूजे वो तुम्हें...

2. ज़िन्दगी ख़त्म कहां होती है...

एक किसान था...

खेत बेचा था एक,
सींचना था बड़ा सा दूसरा खेत।
दाम कम मिले थे,
पर उम्मीद थी एक दिन,
वो फसल लहलहाएगी।

साल भर अपने बच्चों के साथ,
खून से सींच डाला खेत,
और साल भर बाद,
देखकर अपने लहलहाते खेत,
कहता था अपने बच्चों से,
आएंगी बहार उनके जीवन में।

पढ़ने जाएंगे खेत की पगडंडियों से दूर,
खुद की एक राह बनायेंगे।
रात में ख्वाब घुल पाते,
किसान के अरमानों को,
एक अदद बार दोहरा पाते,

सरसों के कोपल खुल पाते।
कि एक जालिम रात गुजर गई उसकी ज़िंदगी से होकर,
सुबह तपिश बेपनाह थी,
ज़िंदगी का एक टुकड़ा जल रहा था फसल के साथ।

पीली खुशी काली राख बन गई,
कुछ लोग बोले...ज़िंदगी
का ये अंत तो नहीं।
कुछ आंसू गिरे,
कुछ पोछ लिए गए,
कुछ सूख के गालों पे,
इक लकीर छोड़ गए।

बच्चों ने बांध ली गठरी,
छोड़ दी किराए की वो कोठरी,
भूल गए ख्वाब वो हसीन।
बाप की राख नदी में,
प्रवाहित कर वो भी किसी,
सेठ की इमारत में ईंट,
लगा रहे हैं...
ज़िंदगी खत्म कहाँ होती है...माँ को अब भी उम्मीद है,
किराये की छत से निकल,
अपना घर बनाने की।

एक किसान तो था...

3. शून्य

शून्य यानी,

एक नयी श्रृष्टि,
नया जन्म,
नया जीवन।
निराशा का अंत,
उद्भव आशा का,
फिर से,
जैसे पतझड़ का अंत।

शून्य यानी,
गोधूलि,
ब्रह्म बेला,
जब कोई नहीं,
सिर्फ प्रकृति है,
चारों ओर अनंत।
मंडराते अदृश्य,
जैसे तूफानों का अंत।

शून्य यानी,

समाप्ति की ओर,
एक विकल्प,
और जन्मी नयी,
विकल्प की भोर।
घोर अंधकार पर,
जैसे छिड़क दिए,
परम शक्ति ने,
अपने आदि रूप के,
खूबसूरत रंग, अनंत।

4. जीवन : बातों की गठरी

जीवन बढ़ा था मेरी ओर,
मैंने देखा था उसे आते हुए,
या वह भी था एक ख्वाब का अबूझ सा सिरा।
नहीं हो सकी हमारी मुलाक़ात,
शायद भांप लिए थे उसने मेरे जज़्बात।
टटोल ली थी उसने नब्ज़,
जो गले की अंधेरी कोठरी से निकलने को बेताब थी।
या नाप ली थी,
मेरे खोखले सुनसान मन की गहराई,
और उसमें पड़े,
वो सवालों के ढेर देख लिए थे।
लेकिन यकीं है,
जीवन महज मृग मरीचिका भर नहीं,
कुछ और जिन्दा लाशों की,
आवाज़ सुनी होगी शायद,
और मुड़ गए होगे तुम उनकी ओर,
उनके सूखे दरख़्त से,
बदन में जान रोपने को।
मुझसे भी मिलोगे किसी दिन,
किसी ठहरी सी घड़ी के,

एकांत मोड़ पर।
बातों की गठरी खुलने लगी है,
कुछ तुम ले जाना,
कुछ मैं फिर से समेट लूँगा...

5. कोई दूसरा जहां भी होगा...

न मिली,
नींद भर ज़मीन, धूप भर,
आसमान न मिला।
खामोश रहे वो शायद,
कि कोई दूसरा जहां भी होगा...।

न किए,
तक़ादे खुदा से, किस्मत से,
हिसाब न मांगा।
ग़म पी गए वो शायद,
कि कोई दूसरा जहां भी होगा...।

न मांगी,
सुबह खुशियों की, रातों से,
आस न मांगी।
पड़े रहे किनारों पे शायद,
कि कोई दूसरा जहां भी होगा।

न देखे,
ख्वाब सोने के, तश्तरियों,

चांदी की न चाही।
पिघलते रहे वो भट्टों में शायद,
कि कोई दूसरा जहां भी होगा।

जलते रहे,
ज़िंदगी भर, तपिश से,
दूर न भागे, मौत भी।
आ गई लेकिन, खुदा से राख न मांगी,
शायद उन मजदूरों के लिए,
कोई दूसरा जहां भी होगा...।

6. दफ्तर से तुम्हारे हॉस्टल की वो दौड़

जाने क्यूँ...
आज याद आ रही है,
दफ्तर से तुम्हारे हॉस्टल की वो दौड़।
वो शीशे-संगमरमर का ताजमहल,
चंद पन्नों में प्यार को समेटने की वो होड़।

वो उम्र से आगे भागते सपने,
दिल से दरकती वो धड़कन...।
वो ऑटो की किचकिच, सड़क पे शोर,
हमारी आशिकी का वो सुनहला सा दौर।

वो रूठना तुम्हारा, मेरा कहना वंस मोर,
मेरी मैटिनी शो की वो प्लानिंग।
तुम्हारा कहना, च्वाइस इस योर्स।

जाने क्यूँ...
आज याद आ रही है,
दफ्तर से तुम्हारे हॉस्टल की वो दौड़।
वो वैलंटाइनस डे की भोर,

और मेरे सेल फोन का वो शोर।

वो मिस कॉल की लिस्ट में,
प्यारा सा तुम्हारा वो नाम हर ओर...।
वो मानाने की तुम्हें कोशिश पुरजोर,
गुस्से में तुम्हारा कहना,
"यु डोंट लव मी एनीमोर।"

जाने क्यूँ...
आज याद आ रही है,
दफ्तर से तुम्हारे हॉस्टल की वो दौड़।

7. ऐ हवा...(1)

काश... मैं भी होता तुझ सा,
आवारा, ऐ हवा...।
फिरता कहीं भी,
मनमाना ऐ हवा।
बेसुध, बेपरवाह,
अल्हड़, दीवाना ऐ हवा।

ठहरकर, आंसुओं को,
न गिनता ऐ हवा।
बांटकर सुकून,
इठलाता ऐ हवा।
पंछियों से आगे,
बढ़ता रहता ऐ हवा।

काश, मैं तुझ सा,
होता ऐ हवा।
रवायतों के पन्नों को ले,
उड़ जाता ऐ हवा।
आंसुओं को पल में,
सुखा पाता ऐ हवा।

दीवाना होता, मैं भी,
सरगोशियाँ करता ऐ हवा।
बहारों को फूलों से,
सजाता ऐ हवा।
मोहब्बत के दामन को,
उड़ाता रहता ऐ हवा।

बच्चों के अरमानों सा,
उड़ता ऐ हवा।
काश...काश...काश,
मैं तुझ सा होता ऐ हवा...।

8. ऐ हवा...(2)

आवारा कहूँ या बेकरार तुझको,
किसकी तलाश है जो दर दर भटकती है।

ठहरती है कहीं न, सांस लेती है,
बांटती है जिंदगी, खुद खामोश रहती है।

किसी के पहलू, किसी के दामन में,
जाने तू कैसे रंगों-सांचों में ढलती है।

आशियाना, ठिकाना, तेरा घर कहाँ है?
पेड़ों, मुंडेरों पर तो बस तू ठहरती है।

ग़मों की तेरी लंबी कहानी है,
बरफ के पहलू में तू भी आंसू बहाती है।

लेकिन, फितरत तेरी तो मुझ जैसी ही है,
गुस्से में तू भी श्रृष्टि से लड़ती है।

ऐ हवा, ठीक मेरे दिल की तरह,
तू भी बेताब, हैरान सी फिरती है।

ऐ हवा... तू मुझमें, मैं तुझमें हूँ,
मेरे अरमानों की तरह, तू भी दिखती नहीं।

ऐ हवा, कुछ तो है हमारे दरम्यान,
यूँ ही नहीं, दिन-रात मेरे संग तू चलती है...

9. अ लोन ट्रैवलर

मैं अकेला चला था, जानिब-ए-मंज़िल।
लोग न मिले, काफिला न बना।
एक मोड़ पर, लेकिन
वो मिल गए।
मैं उनके संग, और
वो मेरे संग हो लिए,
और हम चल दिए,
जानिब-ए-मंज़िल।

राह में एक दोराहा आया,
वो घर को चल दिए।
मैं फिर अकेला चला,
जानिब-ए-मंज़िल।

राह में एक शहर आया,
अन्ना संग हजारों मिल गए।
मैं उनके संग हो लिया,
और उनकी मंजिल,
तक पहुंचकर फिर,
मैं अकेला चला, जानिब-ए-मंज़िल।

कई शहरों, कई कस्बों से गुज़रा,
कई हुस्नों, कई जिंदगियों से गुज़रा।
विदर्भ की भूख,
किसानों की बेबसी देखी।
फटी साड़ियाँ, उधड़े बदन देखे,
फरेब की रौशनी,
जगमगाते शहर देखे।

उजड़ते गाँव,
घिसटते पांव देखे,
जात, पात और धर्म,
पर खेले जा रहे,
बेतहाशा दांव देखे...।

और एक दिन,
नज़र के सामने मंजिल, और
नज़र में था वो मंज़र,
जो सफ़र ने मुझे,
तोहफे में दिया था।

शायद मंजिल तक,
पहुंच कर लौट आने को।
पर मैं बढ़ा मंजिल को,
बगल की एक संकरी गली से,
खुद एक मंजिल बनाने को...।

मैं अकेला चला था, जानिब-ए-मंज़िल।
मैं अकेला चला था, जानिब-ए-मंज़िल...।

10. जो चल सको तो चलो...

अचानक निदा फ़ाज़ली साहब की एक नज़्म याद आई, जो कुछ इस तरह है...

सफ़र में धूप तो होगी, जो चल सको तो चलो।
सभी हैं भीड़ में, तुम भी निकल सको तो चलो।

बस यही गुनगुना रहा था कि कुछ ख्याल मेरे मन से भी निकल कर, इसी रास्ते पर चल दिए...

कुछ इस तरह...
घर छोड़ने की भी ज़मानत है,
कीमत चुका सको तो चलो।
तक़दीरियों की सियासत है,
समझ सको तो चलो।

यहाँ बोलने वालों की कहाँ जरूरत,
बुत बनकर जी सको तो चलो।
हार मानने के ख्याल को, घर में ही,
दफ़ना के चल सको तो चलो।

खंजरों से ज़मीं पर, मीलों का सफ़र है,
हौसला बुलंद कर सको तो चलो।
कब्रों का शहर औ रुआसा सा शोर है,
जुम्बिश में तरन्नुम ला सको तो चलो।

यहाँ हार पर, रोने की मनाही है,
सिसकियाँ और आंसू, छिपा सको तो चलो।
ज़माना सर झुकाने को, बोलेगा,
हर मोड़ पर, रूह को समझा सको तो चलो।

ईमान और, ईमानदारों का,
क़त्ल कर, आगे बढ़ सको तो चलो।
गर नहीं हो ये सब,
गर नहीं मुमकिन ये सब...
तो...
वफ़ा छोड़ दो, वफ़ाई छोड़ दो,
सर उठाकर चलो, सर उठाकर चलो।

लौटने का ख्य़ाल भूलकर,
रवायतें बदलने का दम भर सको तो चलो।
हर कब्र करेगी इंतज़ार तेरा,
सलामती का ख्य़ाल, दिल से निकाल सको तो चलो।
रातों में नींद मयस्सर नहीं हो गर,
रतज़गों से यारी कर सको तो चलो।

शायर न बनो, साकी का सहारा न लो,
बिन पिये बहकने की अदा, सीख सको तो चलो।

हजारों टिमटिमाती, चमकीली, और नशीली राहों को छोड़,
अलहदा राह बना सको तो चलो।
धक्का न दो, न गिराओ किसी को,
अपना कंधा, मदद को आगे बढ़ा सको तो चलो।

ऐश-ओ-आराम को भूलो, मोहब्बत को भूलो,
मुफलिसी में जीकर, मुस्कुरा सको तो चलो।
बेलगाम सियासत और सियासतदारों पर,
लगाम लगाने का, माद्दा जुटा सको तो चलो।

और अगर, भरोसा मुकद्दर पे, ईश्वर, यीसु या अल्लाह पे,
तो घर बैठो, तुम न चलो, एकदम न चलो।

11. सब मंज़ूर है, ऐ ख़ुदा

मंज़ूर है
सब मंज़ूर है ऐ खुदा
बेबसी, आंसू, दर्द और अनहोनी का डर
क्योंकि बात तो ये है न
कि तेरी दुनिया में इंसाफ होता है
रूह को भी इंसाफ मिलेगा,
इसका यकीं है रूह को
...पर वादा करो
वादा करो ऐ खुदा
तुम हर हिसाब पूरा करोगे
ग़म के बदले खुशी का
नाकामी के बदले कामयाबी का
आंसुओं के बदले मुस्कुराहट का
और...मौत के बदले
मौत से पहले तुम बस दे देना
ये जिंदगी जिंदादिली से जी लेने का मौका...
जानते हो लेकिन तुम एक बात...
उधार तुम पर फिर भी रह जाएगा
उन पलों का कोई हिसाब नहीं कर पाओगे तुम
जब रूह ज़ार-ज़ार रोती रही थी

और जिन पर तुम्हारी रहमत बेशुमार थी
वो हंस रहे थे, फब्तियां कस रहे थे
और रूह देखती रही थी तुम्हारी राह...

12. मां है तो लड़ाई आसान लगती है

मां भोर में सबसे पहले उठती है
झाड़ू पोछा करती है, दुआर बहारती है
मां ही जगाती है, सिरहाने चाय रख जाती है
खुद व्रत है उसका पर सिफारिशी नाश्ता बनाती है

सब उठ जाते हैं फिर वो मुंह में निवाला डालती है
मां है तो लड़ाई आसान लगती है
कामवाली नहीं आती, वो बर्तन मांजती है
पूजा में सबकी सलामती की दुआ मांगती है

हम औंघते रहते हैं, वो नज़र उतारती है
सबका वर्क फ्रॉम होम है, वो कपड़े भी छाँटती है
खाना बनाती है, घंटों राह ताकती है
सबके नखरे झेलती है, फिर भी दुलारती है

मां है तो लड़ाई आसान लगती है
हम बीमार हुए हैं, तो वो ही हाथ थामती है
काढ़ा, सूप और नारियल पानी कब किसे देना है
मां बखूबी जानती है

बुखार तेज चढ़ता है तो कहां कोरोना से डर खाती है
माथे पर रखकर गीली पट्टी राम-राम पुकारती है

मां है तो ज़िन्दगी आसान लगती है...

13. उत्तर दो पार्थ...

उत्तर दो पार्थ...

तुम्हें सीखना है,
अदब से खंजर उतारना,
या
सीखना है एकलव्य सा,
वीरगति को प्राप्त हो जाना?
तुम्हें सीखना है,
धोखेबाज़ हाथों से हाथ मिलाना,
या
सीखना है उन हाथों को,
अग्नि में आहूत कर पाना?
तुम्हें सीखना है,
अपने ही हक की भीख मांगना,
या
सीखना है हक के लिए,
लड़ना और मर के भी जीत जाना?
तुम्हें सीखना है,
सब कुछ सहना, मुस्कुराते जाना,
या

सीखना है, हर आंसू के बदले,
रक्त की नदियां बहा पाना?
तुम एकलव्य बनकर मर जाना,
और इतिहास में पुचकारे जाना,
या
बन जाना नाश का अभिप्राय,
और इतिहास में शक्ति-रूप हो जाना?
मैं कृष्ण नहीं, तुम भी अर्जुन पुत्र नहीं,
लेकिन हर तरफ कौरवों का डेरा है,
तुम्हें विजयी होने से किसने रोका है?
उत्तर दो पार्थ...

14. उठो एकलव्य, ये कलयुग है

उठो एकलव्य, ये कलयुग है
विलाप नहीं, अब विनाश सीखना है
कोई कृष्ण नहीं, धर्मयुद्ध नहीं
सुदर्शन नहीं चलाया जाएगा
उठो एकलव्य, ये कलयुग है
मरना नहीं, मृत्यु का तांडव सीखना है
यहां कोई द्रोणाचार्य, भीष्म नहीं
कोई नैतिकता, कोई मूल नहीं बतलायेगा
कौरवों का राज है, कोई पांडव नहीं आएगा
उठो एकलव्य, शस्त्र उठाओ,
तुम्हें अब रक्तपात सीखना है...

15. बड़े साहब का 'सॉरी'

बड़े साहब का सॉरी
बड़ा वजनी होता है
मान लेना होता है उसे
जैसे कि यही है
उनका पश्चाताप और
यही है उनका प्रायश्चित

उनके पास अब देने को
कुछ और नहीं बचा
देने को कभी कुछ था ही नहीं
सिवाय खोखले वादे के

क्योंकि उन्होंने तो सिर्फ
लेना ही सीखा था
किसी होनहार का हुनर
तो किसी मजबूर की मजबूरी

देना तो बड़े साहेब को पता
भी नहीं था, कि बला क्या है
सॉरी के अलावा उनके

पास और था भी क्या देने को

आज चार साल बाद उन्होंने
'सॉरी यार' तो कह दिया है न
तुम भूल जाओ अपनी मेहनत
और लाखों का घाटा भी
दफना के खुद दफन हो जाओ...

16. उम्मीद का मरना

सपने बनते-बिखरते हैं,
टूट भी जाते हैं अक्सर।
लेकिन सबसे बुरा होता है,
उम्मीद का मर जाना।

क्योंकि उम्मीद हम खुद से,
ज्यादा खुदा पर करते आए हैं।
यहाँ हममें सब शामिल नहीं हैं,
खुदा ने उम्मीद दी ही है कुछ
बदनसीबों को, बेबसों को,
और बेजुबानों को...

उम्मीद होती है कमजोर का सहारा,
क्योंकि उसे बताया गया है हमेशा,
कि उसकी लड़ाई लड़ता है,
उसका ईश्वर, अल्लाह या गॉड।

उम्मीद को कुचल देती है,
'वीरभोग्या वसुंधरा' की जमात।
उम्मीद को मारकर टांग देती है,

नीम और बबूल के पेड़ पर।

उम्मीद सिर्फ दफ्तरों, अदालतों के,
बाहर मिन्नतें मांगती है, लतियाई जाती है,
और जिसके भरोसे होती है, ये उम्मीद,
वो कहता है, प्रारब्ध, कर्म और भाग्य।

उसके जानने वालों ने बताया है,
कि खुदा ने उम्मीद रखने को कहा है,
लेकिन हमें कोई नहीं बताता,
कि हमारे आंसुओं के साथ रिसती,
रहती है उसकी दी हुई बेबस उम्मीद।

और एक दिन, हमसे पहले,
मर जाती है हमारी उम्मीद।
जिंदा लाश का रह जाना,
ज़्यादा बुरा नहीं होता,
उससे भी बुरा होता है,
उसकी उम्मीद का मर जाना...।

17. संवेदनाएं मर चुकी हैं

संवेदनाएं मर चुकी हैं
ये उपयोगिता काल है
ईश्वर के दरबार में भी
अब कमज़ोर ही कंगाल है
अब सत्य के सिर्फ सत्संग हैं
असत्य जीवन का अभिन्न अंग
निष्ठा, कर्तव्य और परायणता
किताबों में धूल खा रही हैं
चाटुकारिता, व्यभिचारिता
जीवन का नया पाठ्यक्रम है

संवेदनाएं मर चुकी हैं
ये उपयोगिता काल है
सेवा, सम्मान और सत्कर्म
गरीबों, मजबूरों का कर्म है
कमज़ोर के सीने में चाकू है
या फटी बारूद का जख्म है
मंदिरों में मूर्तियां बदलनी बाकी हैं
बाबू, पुलिस, मिलॉर्ड और नेता
अब यही खुदा, यही भगवान हैं

संवेदनाएं मर चुकी हैं
ये उपयोगिता काल है
अब मालिक सिर्फ बलवान हैं
हम आम इंसान किरायेदार हैं
कल्कि और कोई नहीं, अवतार
तो ले चुके हैं धर्म के झंडाबरदार
जिनकी धर्मध्वजा के नीचे है मोक्ष
और सिंहासन के पीछे धन तमाम है

आधे चमत्कार की चमक में मदमस्त
आधे कलयुगी माया के शिकार हैं
मुफ्त बंट रही मदिरा, मत का सवाल है
ईमानदारी का सर्टिफिकेट है बिकता
गर गाड़ी, बंगले और बटुए में माल है

संवेदनाएं मर चुकी हैं
ये उपयोगिता काल है
मूल्य, नैतिकता और योग्यता
इनकी अब क्या मजाल है
जिस तरफ नजर फेरो, देखो
दल और दलालों का नंगा नाच है
इंसान जल्द मिलेंगे संग्रहालय में
गली मोहल्ले से सदन के हल्ले तक
बस कुछ रोज बाद की बात है...

18. देखना बंद कर दो (1)

देखना बंद कर दो
क्योंकि अब तुम्हें सत्य नहीं दिखता
इंसान में इंसान नहीं दिखता
खुद में पनप चुका हैवान नहीं दिखता
कोई घुट घुट मरे, तपड़ के जिए
तुम्हें फर्क नहीं पड़ता, दिल नहीं दुखता

तुम्हें सिखा दिया गया है देखने का
एकदम कलरफुल कलयुगी तरीका
मसीहा दिखता है तुम्हें हत्यारे में, लुटेरे में
तुम्हें चीखते गांवों, सिसकते शहरों का
चिटकता दरकता अक्स नहीं दिखता

देखना बंद कर दो
क्योंकि भगदड़ में एक दिन मरेगी
तुम्हारी दादी, मां या बहन या बीवी
वो कहेंगे मोक्ष मिल गया, तुम चुप हो जाओगे
तुम्हारा बच्चा भी एक दिन मरा पाया जाएगा
किसी सड़क पर उग आए सरकारी गड्ढे में

वो ठेकेदार को ठोकेंगे, और माल कमाएंगे
तुम्हारे घर पर आकर एक माला चढ़ा जाएंगे
तुम सोशल मीडिया पोस्ट में सिमट जाओगे
कोई बहन बेटी सरेराह बे-आबरू होगी
और तुम वीडियो बनाते रह जाओगे...

देखना बंद कर दो...

19. देखना बंद कर दो (2)

देखना बंद कर दो,

कोई बच्चा पिट रहा होगा किसी नुक्कड़ पर,
और तुम विडियोज़ाल के व्यूज़ में,
उलझे रह जाओगे।
स्कूल से तुम्हारी ही बेटी एक दिन,
सुबकती हुई निकलेगी, और तुम,
डर के मारे वजह पूछ भी न पाओगे।
किसी दिन वो छत से कूद जाएगी,
और तुम खून के घूंट पी जाओगे।
तो देखना बंद कर दो।

देखना बंद कर दो,
मेरा सलाह है, मनुहार भी,
क्योंकि देखकर भी, अनदेखा करना,
कितना बड़ा पाप है, तुम्हें अंदाज़ा नहीं।
एक के बाद एक, बेमौत मारे जाएंगे,
सत्य को देखने वाले, आवाज़ उठाने वाले,
एक के बाद एक, सुलाए जाएंगे,
गुनाह की कालकोठरी में, सत्य खोजने वाले।

छुपा दी गईं बेगुनाह लाशें, उसे खोजने वाले,
सड़ रहे हैं किसी जेल की कोठरी में।
कोई सान रहा है, उनके जिस्म और रूह को,
उनमें साहस नहीं अब, उठ पाने का।
क्योंकि तुमने देखना बंद कर दिया है।

देखना बंद कर दो,
क्योंकि तुम उनकी काली कमाई,
और झूठ की स्याही से लिखे वादों के आगे,
नतमस्तक हो जाओगे।
खून-पसीने से सींची जमीन पर,
उनके गुर्गे का बोर्ड टांग दिया जाएगा।
तुम, उनकी अदालत और उनके कानून,
के शतरंज में, प्यादे बन, मारे जाओगे।

तुम देखना बंद कर दो,
क्योंकि आवाज़ मर चुकी है, तुम्हारी,
नज़र भी अब, हो चुकी है, निस्तेज।
आखिर, तुम भी अब कितनी,
बेचारगी खुद में, सहेजे जी पाओगे।
झुक गए हो इतना, बेबसी के बोझ से,
अब खुद से, तो क्या ही
नज़र मिला पाओगे...

20. मैं ज़मीं बंज़र देख के जी लेता हूं...

मुझसे कलम ही तो फिसली है,
मैं अहसास अब लिख नहीं पाता...
लेकिन जहां रफू ज़रूरी थे,
ज़िंदगी मैं अब जीकर सी लेता हूँ...

बड़ी मुश्किल से बयां होते हैं जज़्बात
कलम पर उंगलियां नहीं रुकतीं
ज्यों-ज्यों उधड़ती हैं ख़्वाहिशें मेरी
मैं खून के घूंट पीकर जी लेता हूं...

मैने मिन्नतें की हैं, बोए हैं बहुत आंसूं
पर उसकी न जाने कैसी मर्ज़ी है
जहां-जहां उगानी थी उम्मीद
मैं ज़मीं बंज़र देख के जी लेता हूं...

21. वो कविता लिखने वाले...

सुख-दुःख सारे देखते जाते, बोलते कम हैं
रेत की मुट्ठी समेटते जाते, खोलते कम हैं
डरते जाते, चलते जाते, डोलते कम हैं
वो कविता लिखने वाले...

हंसते-हंसते खो जाते हैं, रोते कम हैं
संघर्षों की हर नैया, पार लगाने वाले
जिस्म-जिगर के चिथड़े सीकर जी लेते हैं
वो कविता लिखने वाले...

ग़म किसा का, पराया आंसू, पोंछते जाते
अपनी दुनिया के जख़्मों को, देखते कम हैं
लिखी-मिटी को सुनने वाले, पढ़ने वाले
सब किस्सों को जीते जाते, गुनते कम हैं
वो कविता लिखने वाले...

www.ingramcontent.com/pod-product-compliance
Lightning Source LLC
LaVergne TN
LVHW022030200926
848481LV00007B/2622
* 9 7 8 1 8 0 7 1 5 8 8 5 9 *